Dieses Buch widme ich meinen geliebten Eltern
Heinz & Charlotte Gerloff
sowie meinen Geschwistern
Gabriele, Jörg & Katja.

Vorwort

Liebe Leserin,
lieber Leser,

das Leben ist chaotisch, im Fluss, traurig und freudig, sinnlos und dann wieder von einer Schönheit, die ihresgleichen sucht. Und mittendrin wir in der Achterbahn des täglichen Erlebens. Wie gelingt es uns, das alles zu verarbeiten?

Meine Form ist das Schreiben. Vieles ist autobiographisch, manches entsteht nach Geschichten, die mir Menschen erzählen. Oftmals bin ich berührt und nachdenklich. Dann setze ich mich hin, versuche, mich in die Situation hineinzuspüren und warte ab, was kommt.

So sind mittlerweile eine Menge an Gedichten entstanden, die eine große Bandbreite verschiedenster Lebenssituationen widerspiegeln. Es könnte also sein, dass dir das ein oder andere Thema bekannt vorkommt. Schließlich geht es um so Alltägliches wie Liebe, Dankbarkeit, Natur, Begabungen, Schmerz etc.

Zu einigen Gedichten gibt es Bilder und das freut mich ganz besonders. Ich hatte den Impuls, Freunde, Familienmitglieder, Arbeitskollegen und Bekannte zu fragen, ob sie Lust hätten, mir ein Bild zu einem Gedicht zu malen. Die Ergebnisse finde ich so famos, dass ich sie niemandem vorenthalten mag. Zeigt es doch, welche kreativen Begabungen in uns allen schlummern.

So wird aus diesem Gedichtband ein Werk von Menschen für Menschen, verbunden mit dem Wunsch, dass immer jemand an unserer Seite steht, der mit uns die schweren und schönen Momente teilt. Und, dass wir uns alle mehr trauen, unsere Talente der Welt zu schenken. Damit leisten wir einen Beitrag, das Leben zu verschönern.

Nun viel Vergnügen bei der Lektüre von
„Die Welt braucht …"

Karsten Gerloff

Inhalt

Alltag hat uns wieder

Ganz allmählich und ganz leise,
streckt er seine Hände aus.
Auf ganz raffinierte Weise,
fühl' ich mich wieder Zuhaus'.

Gestern noch der Duft der Weite,
Farben so berauschend schön.
Die Welt von einer anderen Seite,
es sollte nie zu Ende geh'n.

Tja, der Alltag hat uns wieder,
ganz egal, wie ich mich winde.
Singt die altbekannten Lieder
und pfeift was drauf, wie ich es finde.

Ärger

Immer, wenn man's eilig hat,
springt die Ampel noch auf Rot.
Schlimmstenfalls fehlt noch ein Blatt
für das Geschäft in größter Not.

Ausgesperrt bei Schnee und Wind,
Zug verpasst auf Bahnsteig sieben.
Aktienkurs fällt so geschwind,
hätt' fast mich in Ruin getrieben.

Wie kann man in solchen Zeiten
Wut und Ärger transformieren?
Es gibt da glaub' ich Möglichkeiten,
die sollt' ich unbedingt probieren.

Am Strand

Schau dir all die Menschen an,
die da an den Stränden liegen.
Hier gibt es Kinder, Frau und Mann,
alle wollen doch nur Frieden.

Keine Spuren von Gewalt,
alle sind so schön entspannt.
Toleranz bei jung und alt,
hier reicht man sich gern die Hand.

Doch warum, so frag' ich mich,
ist das hier bloß möglich?
Warum geht's nicht ewiglich,
warum nicht alltäglich?

Ich hab' ne Ahnung – nur 'ne lose,
was den Unterschied hier macht.
Mann, der trägt 'ne knappe Hose,
Frau – 'ne reduzierte Tracht.

Wir sind dann diesem Zustand nah,
als wir auf die Erde kamen.
Nachdem die Mutter uns gebar,
lagen sogleich in ihren Armen.

Was ich meine ist Natürlichkeit,
mit dem Nötigsten umgeben.
Niemand denkt auch nur an Streit,
jeder will in Frieden leben.

11

Aufgewacht

Ich bin ganz plötzlich aufgewacht,
du schläfst sanft neben mir.
Es ist noch mitten in der Nacht,
dein Arm liegt sacht auf mir.

Das Mondlicht scheint auf dein Gesicht,
wie friedlich alles ist.
Weiterschlafen kann ich nicht,
wie wunderschön du bist.

Was wohl in deinem Kopf vorgeht,
der Werkstatt aller Träume?
Und welch „Geschicht" dort grad entsteht,
sind Träume wirklich Schäume?

Nun formt ein Lächeln deinen Mund,
was magst du wohl grad denken?
Wem schlägt grad jetzt die gold'ne Stund',
wirst heiße Küsse schenken?

Am Morgen frag' ich dann gespannt:
„Und sag' – wie war die Nacht?"
Streichst zärtlich über meine Hand:
„Mir hat es Spaß gemacht …!"

13

Aus Nahrung wird Mensch

Die einsame Sabine,
die isst gern Gelatine.
Mal kaut sie Gummibärchen
und sehr oft Knorpelpärchen.
Doch ist sie schon seit Wochen
nur noch Haut und Knochen.
Das Fazit hiervon ist:
„Du bist halt, was du isst!"

Das Geheimnis

Wer erfasst in aller Tiefe
die Grandiosität der Erde?
Niemals könnten tausend Briefe
das Spiel beschreiben: Tod und Werde.

Welche Weisheit liegt dem Ganzen
seit Jahrtausenden zugrunde?
Welch' geheime Wesen tanzen
mitten um uns Stund' um Stunde?

Kommt für uns einmal die Zeit,
in der sich der Nebel lichtet?
Ich glaube, bald ist's so weit,
dass jeder seine Wahrheit sichtet.

Bahnhof der Gefühle

Auf dem Bahnhof der Gefühle
fahren Züge hin und her.
Welch' ein riesiges Gewühle,
ein spezielles Menschenmeer.

Es fährt ein der Zug der Gier,
alle Plätze sind belegt.
Hier regiert ganz klar das WIR,
Jeder ist äußerst erregt.

Und der Neid-volle Waggon
auf dem engen Bahnsteig vier,
dampft sogleich knarrend davon,
ohne jegliches Gespür.

Die Eifersucht im ICE
verspätet sich um eine Stunde
und ist dadurch schon mal per se
sofort und gleich in aller Munde.

Es fährt ein auf Bahnsteig drei
die Regio-Bahn so voller Hass.
Alle Fenster sind entzwei,
dieser Anblick ist echt krass.

Doch im Zug der Sinnlichkeit
gibt's noch freie Plätze.
Und es herrscht Geborgenheit,
die ich wirklich schätze.

Auf der nächsten langen Reise
wähle ich das Gleis der Liebe.
Und wünsche mir im Stillen leise
in dem Waggon so ein Geschiebe.

Begegnungen

Seltsam, wie das Leben wandelt,
welche Blüten es so treibt.
Je nachdem, wie man grad' handelt,
sich bewegt – starr stehen bleibt.

Menschen kreuzen meinen Weg,
völlig fremd, noch nie gesehen.
Welch' ein schönes Privileg,
wenn daraus Tiefen entstehen.

Es hat etwas von weiser Fügung,
dies' unsichtbare Brückenbauen.
Vielleicht fehlt uns ein wenig Übung,
dieser Art mehr zu vertrauen.

Das Gesetz der Resonanz
ist ständig aktiv.
Durch den Lichterfunkeltanz
wird es kreativ.

Vielleicht nur ein kurzer Moment,
Minuten oder Stunden.
Vielleicht auch völlig konsequent
für lange Zeit verbunden.

Wer weiß schon, welch' große Macht
uns zusammenführt
und mit welcher schönen Pracht
Geschenkpakete schnürt?

Besinnung

Mal wieder zur Besinnung kommen,
nach Wochen der Betriebsamkeit.
Hab' mir bewußt nun Zeit genommen,
umschlinge jetzt die Einsamkeit.

Gedanken jagen durch die Stille,
ich höre ihren Widerhall.
Dann kehrt sie ein – diese Idylle,
so wie ein ruhiger Wasserfall.

Wie angenehm ist diese Ruhe,
kein Laut, kein Mucks, kein Treiben.
Verschwunden das Alltags – Getue,
ich wünscht' – es könnt' so bleiben.

Der Duft der Leidenschaft

Wenn der Duft der Leidenschaft
die Erinnerung in dir weckt,
spürst du die besondere Kraft,
die tief in dir drinnen steckt.

Es ist Zeit zu kultivieren,
was die Seele einst erfreut.
Dann wirst du es wieder spüren,
das Lebensrad dreht sich erneut.

Der mit den Bäumen spricht

Heute Morgen um halb acht,
die Stadt lag noch in Träumen.
Hab' ich mich auf den Weg gemacht
und lief hoch zu den Bäumen.

Hoch oben an dem höchsten Punkt,
der Ausblick, der war prächtig.
Da hat es dann bei mir gefunkt,
die Bäume waren mächtig.

Ich schaute so hinab ins Tal,
der Wind, der ging ganz sacht.
Er sprach zu mir mit einem Mal
und hat mir klargemacht.

Der Baum, der ist mein Instrument,
die Blätter sind die Saiten.
Nur, wer die Kunst des Spielens kennt,
kann Freude so bereiten.

Musik soll auch Botschafter sein,
freudig – mahnend – tolerant.
Sie schleicht sich in dein Herz hinein,
wenn du loslässt den Verstand.

Genauso ist's mit meinen Werken,
wenn die vielen Blätter rauschen.
Ihr müsst nur eure Sinne stärken
und den Melodien lauschen.

Der Unterschied ist schon beträchtlich,
welch' Bäume ich dann spiele.
Die Botschaft, die jedoch ist mächtig,
Möglichkeiten hab' ich viele.

Kaum ein Baum, den ich dann meide,
Birke, Buche oder Linde.
Ulme, Walnuss und die Weide,
je nachdem, was ich grad' finde.

Entscheidend ist jedoch die Richtung,
und die Stärke, die ich blas.
Es hört sich immer an wie Dichtung,
auch, wenn Unschönes ich verlas.

Nehmt euch Zeit, hört die Geschichten,
es ist wichtiger denn je.
Es gibt viel Wichtiges zu berichten,
EUER HANDELN TUT UNS WEH!

Ihr hört doch diesen großen Chor,
den die Blätter ständig singen.
Es dringt zwar bis zu eurem Ohr,
doch ins Herz will es nicht klingen.

So vernehmt ihr nur die Melodie
und versteht nicht mehr den Text.
Ich könnt' spielen wie noch nie,
es lässt euch kalt – ist wie verhext.

Die Botschaft ist: „EHRT DIE NATUR
UND DAS GESCHENK DER BÄUME.
VERFOLGT DIE ALTE BAUMKULTUR,
LEBT EURE WAHREN TRÄUME."

Und wenn ihr mich demnächst vernehmt,
im Rauschen eines Baumes.
Spürt, wie sich eure Seele sehnt,
folgt Pfaden eures Traumes.

25

Die Tränen der Großen Göttin

Was wohl unsere Göttin denkt,
wenn sie auf die Erde blickt?
Sie, die alles Leben schenkt,
fühlt sich momentan geknickt.

Immer mehr verirrte Seelen,
die nicht wissen, was sie tun.
Mensch und Tier und Pflanzen quälen
und nicht aufhören zu ruhn.

Chaos scheint der wahre Sinn,
Mord und weitere Zerstörung.
Wenn man fragt: „Wo führt das hin?",
regt sich eher noch Empörung.

Die Große Göttin ist entsetzt,
hat uns alles mitgegeben.
Fühlt sich im Innersten verletzt,
ist fast dabei, uns aufzugeben.

„Wo ist euer Mitgefühl?
Ihr hattet eins, ich muss es wissen.
Was treibt ihr da für ein Spiel?
Des Nachts, da wein' ich in mein Kissen.

All die Schätze dieser Welt
und Milliarden von Talenten;
Mein Geschenk an euch zerschellt
In solch' bitteren Momenten.

Wo nun bleibt euer Respekt
für meine Genialität?
Ich, der Lebensarchitekt,
fürchte fast, es ist zu spät.

All das Unrecht und das Leid,
es tut mir weh, das zu ertragen.
Und speziell in letzter Zeit
platzt mir täglich fast der Kragen.

Ich gab euch allen Überfluss,
um ihn maßvoll zu verwalten.
Doch ich komm' fast zu dem Schluss,
ihr ehrt es nicht, ihn zu erhalten.

So, nun zieh' ich mich zurück,
weine weiter meine Tränen.
Wünsch' euch noch mal alles Glück,
widme mich anderen Plänen."

Die Welt braucht ...

Die Welt braucht wahrlich mehr Poeten,
die von Mut und Herz berichten;
anstatt weiterer Despoten
mit ihren neuen Kriegsgeschichten.

Die Welt braucht eine freie Presse,
die die Herrscher kontrolliert.
Die mit Weisheit und Finesse
an die Wahrheit appelliert.

Die Welt braucht viel mehr Unternehmen
mit Gedanken und Visionen;
die den Rohstoffabbau zähmen,
die Erde vor Ausbeutung schonen.

Die Welt braucht wahrlich mehr Vertrauen
in die eigene Fähigkeit.
So gelingt das Brückenbauen,
die Basis für die Ewigkeit.

Die Welt braucht jedes Lebewesen
mit seiner Natürlichkeit.
So kann der Planet genesen,
es beginnt die neue Zeit.

Die Zeit - Episode 1

Was bedeutet eigentlich „Zeit"?
Ein Karussell voller Momente.
Und was ist die Ewigkeit?
Wenn's Karussell nicht stoppen könnte.

Mal angenommen, Zeit würd's nicht geben.
Würd' ich leben – könnt' ich sterben?
Müsst' ich täglich sternwärts streben,
jeden Tag geboren werden?

Welche Macht zieht wohl die Fäden?
Ganz egal – sie ist famos!
Ungeachtet aller Schäden
ist sie ganz gewiss zeitlos.

Eine Hommage an die Mütter

Was wär' Leben ohne Mutter?
Gefühllos – trostlos – leer.
Wär' wie Graubrot ohne Butter,
wie die Liebe ohne Flair.

Keine selbstgemachte Marmelade,
auch kein Milchreis mit viel Zimt.
Keine Schnitzel mit Panade,
keine Kerze, die schön glimmt.

Kinderlieder würden fehlen,
voller Rührung vorgesungen.
Die sich in die Zellen stehlen,
schnell ist jedes Leid verklungen.

Und die Frage: „Willst nichts essen?
Ich mach' dir schnell 'ne Kleinigkeit."
Kann man später erst ermessen,
dass sie ständig war bereit.

Und mit welcher Phantasie
wurden Geburtstage kreiert?
Und mit welcher Energie
jeder neue Tag probiert?

Danke für die große Liebe,
die ihr euren Kindern schenkt.
Danke für die offene Wiege,
die im alten Zimmer hängt.

Mütter sind das Fundament,
eine Basis für Jahrzehnte.
Wertvoll war jeder Moment,
Schulter sich an Schulter lehnte.

Allen Müttern dieser Welt,
tausend Dank für euer Sein.
Schön, dass ihr die Welt erhellt,
immer neu, tagaus – tagein.

Farben machen Freude

Die nette Marianne
ist steif wie eine Tanne.
Ganz selten zeigt sie Freude,
sie wohnt in dem Gebäude
mit dunklen, grauen Mauern.
Da kann man auch nur trauern.
Doch Klaus, der schenkt ihr Farben
und heilt so ihre Narben.

Kindheit

Des Morgens noch im halben Schlaf,
ein Traum bringt noch ein Lachen.
Entdeckerdrang auf Freude traf,
was kann man daraus machen?

Burgen bauen und Schneeballschlacht,
zuschauen, wie die Wolken ziehen.
Kirschen klauen und schlapp gelacht,
gestaunt, welch' schöne Blumen blühen.

Hungrig nach dem neuen Tag
wurde mehrmals täglich,
'ne Welt entdeckt – mit einem Schlag,
früher war das möglich.

Heute jedoch, längst angepasst
und viele Jahrzehnte später,
Erinnert man sich wehmütig fast,
so wie ein Leisetreter.

Doch die Erinnerung ist noch da,
es ist nicht alles zugeschneit.
Denn das Erlebte ist ja wahr,
oh, schöne Kinderzeit.

Feenreich

Ein spezielles Feenreich
wächst in Nachbars Garten.
Träume, so dermaßen weich,
die in Blüten warten.

Stimmen in die Luft gehaucht,
nur ganz leicht vernommen.
Düfte, gänzlich unverbraucht,
sachte wahrgenommen.

Feenstaub noch in der Nacht,
rieselt ganz dezent.
Nächsten Morgen aufgewacht
und ein Auge brennt.

Einerseits so irreal,
Verstand sagt deutlich nein.
Andrerseits einfach genial,
ich weiß, es muss so sein.

Es gibt sie doch, in andern Welten,
die Elfen und die Feen.
Auch, wenn sie nicht für alle gelten,
ich hab' sie schon gesehen.

Frauen

Frauen sollten Kleider tragen,
bunte – lange – weite.
Wer hätt' nicht gern an allen Tagen,
solch' Frau an seiner Seite?

Schwarze Haare – meistens lang,
blond oder brünett.
Und dann dieser stolze Gang,
selbstbewusst – adrett.

Das Feminine stirbt fast aus
in unserer schönen Welt.
Euch gebührt großer Applaus,
wenn ihr den Tag erhellt.

IHR habt die allergrößte Macht,
das stärkere Geschlecht.
Leben ist von solcher Pracht,
rückt euch mal schön zurecht.

Stellt ruhig euren Stolz zur Schau
und schenkt uns eure Kraft.
Was gibt es schön'res als die Frau,
die Sinnlichkeit erschafft?

Frauen an die Macht

Warum gibt es heut' so selten
Frauen in Führungspositionen?
In den meisten Firmenwelten
herrschen männliche Illusionen.

Seit Jahrtausenden von Jahren
führt das männliche Geschlecht
die Welt eher wie Husaren
in so mancherlei Gefecht.

Seitdem herrscht global Zerstörung:
„Mach dir alles untertan."
Und die winzigste Empörung
wird als Irrtum abgetan.

Früher galten weise Frauen
als die wahren Diplomaten.
Sie verschafften sich Vertrauen
in den allermeisten Staaten.

Sie verfolgten nur ein Ziel:
Das Wohlergehen von allen Wesen!
Geprägt von großem Mitgefühl
konnte die ganze Welt genesen.

Eine weibliche Kriegerin
aus spiritueller Perspektive
ist für ALLE ein Gewinn,
denn ihr Antrieb ist die Liebe.

Glücksbrotbäcker

In dem Land der Glücksbrotbäcker
herrscht alltäglich große Freude.
Alles ist unendlich lecker,
Duft durchzieht jedes Gebäude.

An der Theke ein Gedränge,
jeder will der Erste sein.
Diese Wahnsinns-Menschenmenge,
hier verläuft sich Groß und Klein.

Das Rezept ist streng geheim,
Getreide von spezieller Güte.
Einzigartig, dieser Keim,
mit äußerst wundervoller Blüte.

Sie wächst dem Bäcker erst beim Kneten,
und auch nur aus seiner Hand.
Was haben andere schon erbeten,
bei ihnen wurde daraus Sand.

Das Geheimnis ist der Bäcker,
denn er liebt seinen Beruf.
Das Brot ist deshalb nur so lecker,
weil Leidenschaft das Glück erschuf.

Wie wohl wäre diese Welt,
wenn jeder seine Arbeit liebt?
Ein großes Glücksvermehrungszelt,
das Trübsal aus dem Blickfeld schiebt.

In jeder Frau steckt eine Aphrodite

Die Göttin Aphrodite
wohnt immer noch zur Miete.
Sie hat wohl tausend Zimmer
mit elegantem Schimmer.
Ästhetisch eingerichtet,
wurde auf nichts verzichtet.
Die vielen schönen Frauen,
die sich ihr anvertrauen,
verkörpern Aphrodite
und wohnen meist zur Miete.

Kuscheltiere

Und wenn die ganzen Kuscheltiere
in Wahrheit doch lebendig sind.
Wenn sie durchschreiten ihre Türe,
wird aus Erwachsenem ein Kind.

In schlechten Zeiten und in Not
vertrauen wir uns an.
Wenn eine schwere Krankheit droht,
dann tasten wir uns ran.

Erinnern uns an Kinderzeit,
an Teddy und an Bär.
Sie waren stets für uns bereit,
unsere Feuerwehr.

Doch jetzt, wo wir erwachsen sind,
ist uns das viel zu peinlich.
Wer macht sich schon wieder zum Kind?
Das ist recht unwahrscheinlich.

Ich kenn' jedoch einen Gesellen,
der ist erstaunlich weise.
In ganz besonders schweren Fällen,
da hör' ich ihn ganz leise.

Er gab mir schon so manchen Rat
und zeigte mir die Richtung.
Ich hört' auf ihn und schritt zur Tat,
für mich eine Verpflichtung.

Erdmann Simon – Kuscheltier
nicht selten auch ironisch.
Gab hier erst neulich zu Papier:
„Ihr Menschen – ihr seid komisch."

Aus seiner Sicht vollkommen klar,
wie wir uns stets benehmen.
Vielleicht sollten wir uns sogar
Ein kleines bisschen schämen …

Magnolie

Ein einfacher Magnolienbaum,
ein Zeugnis voller Pracht,
verbreitet diesen Menschheitstraum,
er zeigt des Schöpfers Macht.

Der Frühling steht ganz kurz bevor,
es drängt und wächst und sprießt.
Magnolienbaum öffnet das Tor,
von da an alles fließt.

Der Anblick ist unglaublich schön,
ich möchte mich verlieren.
Das ganze Wunder mehr verstehen,
das Leben mehr kapieren.

Nach Monaten der Dunkelheit,
nach Rückzug auch nach innen.
Beginnt nun eine neue Zeit,
niemand verbringt jetzt drinnen.

Magnolie, du toller Baum,
du gibst das Startsignal.
Du weckst in allen diesen Traum,
dein Anblick ist genial.

Du zeigst, wohin die Reise geht
und weckst enorme Kraft.
Die Fülle jetzt am Anfang steht,
sie zeugt von Leidenschaft.

Zum Vorbild nehme gerne ich,
dein' Reichtum und dein Sein.
Ich wünschte, ich entwickle mich,
mehr Sein als schöner Schein.

Mit dir ist Leben leicht

Ach, in deinerlei Gesellschaft
ist das Leben wirklich leicht.
Ja, da hat sogar die Schwerkraft
Schwerelosigkeit erreicht.

Jede Eiszeit, die kannst du
in das schönste Hoch verwandeln.
Und beginnst sogleich im Nu
mit dem Wettergott zu handeln.

Dich zu sehen, ist ein Vergnügen,
mit dir leben noch viel mehr.
Ich genieß in vollen Zügen
Tag und Nacht mit dir so sehr!

Nur durch dich

Nur durch dich kann ich erfahren,
wer und was ich wirklich bin.
All das Spiegeln in den Jahren
macht allmählich richtig Sinn.

Unsre Seelen möchten lernen,
in der materiellen Welt.
Denn wir kommen von den Sternen,
wo sich niemand so verhält.

All die ganzen Reibereien
sind doch einzig Wachstumsschmerzen.
Erkennen wir sie als Zaubereien,
dann heilen sie all unsere Herzen.

Schau

Schau – dein Antlitz strahlt,
wie schön ist dein Gesicht.
Sieht aus, als wär's gemalt,
ein Anblick, der besticht.

Schau – deine Erscheinung,
anmutig und grazil.
Du bist nach meiner Meinung
mein einzig wahres Ziel.

Schau – dein helles Lachen,
so ansteckend und warm.
Was kann man da schon machen,
ich nehm' dich in den Arm.

Schau – wie gut wir passen,
Leben, das hat Qualität.
Ich kann von dir nicht lassen,
fürs Glück ist's nie zu spät.

Sommernächte sind immer zu kurz

Der Günter zeigt sehr gerne
der Bruni Mond und Sterne.
In lauen Sommernächten,
möcht' er ihr Haar entflechten.
Ihr Haar ist doch sehr lang
und deshalb ist er bang,
dass die Nacht nicht reicht
und sie sich vorher schleicht.
So schauen sie in der Ferne
nur Mond und tausend Sterne.

53

Sommerzeit

Ach, wie lieb' ich Sommerzeit,
Kirschen, Beeren und Tomaten.
Alles zum Verzehr bereit,
Früchte, die auf Ernte warten.

Alles ist so voll Aroma,
Sonne ist allgegenwärtig.
Schwerstarbeit für manche Oma,
Konfitüre ist bald fertig.

Ein Dankeschön an alle Hände,
für den sinnlichen Genuss.
Ich wünschte, es gäb' nie ein Ende,
Sommer – dir 'nen dicken Kuss!

Stille

Es lichtet sich der Nebel
nach langer, langer Zeit.
Es ist – als hätt' ein Hebel
die klare Sicht befreit.

Der Hebel war die Stille,
die ich mir einfach nahm.
Aufmerksamkeit und Wille
von ganz alleine kam.

Dann nur nach Innen lauschen,
ins warme Kämmerlein.
Da hört' ich Wünsche rauschen
und wusst' – jetzt komm ich heim.

Tage wie diese

Manche Tage sind speziell,
vertreiben dieses Einheitsgrau.
Weit am Horizont wird's hell,
unglaublich schön, dies' frische Blau.

Raus aus dem gestrickten Zwang,
der Routine mal entfliehen.
Gebe nach der Träume Drang,
Phantasien vorüberziehen.

Und dann fass' ich mir ein Herz,
nutze diesen Augenblick.
Und ein Ende hat der Schmerz,
endlich ist das Glück zurück.

Eigentlich ist es so leicht,
den selbstbestimmten Weg zu gehen.
Das Seelenparadies erreicht
und das ist unglaublich schön.

Tierqualen

Wie tief nur sind wir gesunken,
dass wir Tiere derart quälen?
Hat der Wahnsinn uns gewunken,
dass wir derlei Taten wählen?

Welche Taten, welches Leid
müssen sie ertragen?
Es ist endlich an der Zeit,
nach dem „Warum" zu fragen.

Es sind Geschöpfe, so wie wir,
eine Seele wohnt in ihnen.
Doch des Menschen große Gier
fragt immer nur nach „Geld verdienen".

Solange wir sie so behandeln,
kann es keinen Frieden geben.
Das Ergebnis unseres Handeln
sehen wir ja im täglich' Leben.

Welch' ein Schlachten, welch' ein Morden,
nehmen wir denn das noch wahr?
Wie vorsteinzeitliche Horden,
empathielos – völlig klar.

Irgendwann kommt eine Zeit,
ja – das wünschte ich mir sehr.
Da verspüren WIR das Leid
und sie setzen sich zur Wehr.

Wahrer Reichtum

Du sendest Wellen der Verführung
auf den Schwingen deines Seins.
Die tiefe Sehnsucht nach Berührung,
verstärkt durch Licht des Kerzenscheins.

Wie kann Verlangen unserer Seelen
in Eintracht nur Erfüllung finden?
So wie die strahlendsten Juwelen
sich um die schönsten Brüste winden?

Die Eleganz von Mann und Frau,
als Paar mündet es in Vollendung.
Und alle spüren ganz genau,
das ist die magischste „Verschwendung".

Verkehr

Autos quälen sich durch die Stadt,
verstopfen Autobahnen.
Walzen machen Wälder platt,
mehr Straßen sind zu planen.

Der Politik fällt nicht mehr ein,
wenn die Zahl der Autos steigt.
Ein Meer an Asphalt muss sein,
bis der letzte Baum sich neigt.

Natur – die zeigt uns, wie das geht,
wenn der Fluss sich mal verengt.
Das Wasser oberirdisch steht,
alles drumherum verdrängt.

Das geschieht mit unsren Auen,
auch sie werden überflutet.
Von mehr Straßen, die wir bauen,
grüne Flächen ausgeblutet.

Wie wär's mit mehr Bahn und Bus,
preislich attraktiv gestalten?
Alles käm' wieder in Fluss
und Natur, die blieb erhalten.

Klar, wir müssten's auch mehr nutzen,
Parkplatzsuche, die entfällt.
Und das doofe Autoputzen,
bleibt dann für den letzten Held.

Niemand will an Straßen wohnen,
viele haben sich beschwert.
Jeder wünscht beruhigte Zonen,
irgendwas läuft hier VERKEHR(t).

Vielfältige Talente freizulegen, verursacht Glücksmomente

Sich stets ständig ausprobieren,
jeden Tag sich neu entdecken,
kann tatsächlich dazu führen,
dass wir erst vor uns erschrecken.

Vor dem, was so in uns steckt,
die verschollenen Talente.
Doch ist die Sehnsucht mal geweckt,
folgen viele Glücksmomente.

Vielfalt in uns freizulegen
und nach außen transportieren,
führt uns zu den schönsten Wegen,
um das Glück zu eskortieren.

Was kann schon geschehen?

Manche Menschen warten sehnlich
auf das Schicksal – jahrelang.
Und fast allen geht es ähnlich,
wenn es anklopft, sind wir bang.

„Was werden die Nachbarn denken,
dafür bin ich viel zu alt.
Wird das Leben MICH beschenken?
Eher macht's bei andern Halt."

Wenn wir ständig Glück abweisen,
es mit Nichtachtung bestrafen,
weil zu viel Gedanken kreisen,
fährt es in den nächsten Hafen.

Dann ist die Enttäuschung groß.
„Siehst du, hab's ja gleich gewusst."
Ungeöffnet bleibt das Los,
immer größer wird der Frust.

Selbstgesetzte Grenzen sind
oft dem Leben nicht zuträglich.
Machen uns für Freude blind,
sind fürs Glück sehr schädlich.

Lassen wir doch öfter mal
uns vom Leben Grenzen zeigen.
Lieber Qualität statt Qual,
lieber Chorgesang statt Schweigen.

Was kann schlimmstenfalls geschehen,
dass wir sterben – uns blamieren?
Niemand muss das je verstehen,
wir müssen's nicht mal selbst kapieren.

Glücklich sind all jene Leute,
die reich an Erfahrung sind.
Denn sie leben mehr im heute,
nehmen die Chancen, wie sie sind.

Für sie ist das Leben bunt,
haben oft auch falsch entschieden.
Doch sie nutzen jede Stund',
haben Passivsein vermieden.

Sind wir deshalb auf der Welt,
um das Glück stets abzuweisen?
Wer das Glück sich oft bestellt,
sollte mit ihm täglich speisen.

Tauschen wir die Angst mit Mut
und nutzen jeden Augenblick.
Werden sehen, wie gut das tut,
pures Leben – Stück für Stück.

GLÜCK

Singen

Singen ist so wunderbar,
jeder sagt: "Das kann ich nicht."
Es macht die Gedanken klar,
füllt die Zellen auf mit Licht.

Diese Schwingung dann im Körper,
sie verursacht Gänsehaut.
Verstummen würden alle Schwerter,
wenn ein jeder sich mehr traut.

Eine prächtige Sonate,
viele Stimmen dann im Chor.
Uns vor Schlimmerem bewahrte,
öffnet aller Herzen Tor.

Lasst uns miteinander singen,
in allen Sprachen dieser Welt.
Alles Eis zum Schmelzen bringen,
bis die letzte Schranke fällt.

Die im Kopf und die im Herzen,
singen Mozart, Strauss und Bach.
Längst vergessen sind die Schmerzen,
fühlen Einheit dann danach.

Zerfall der deutschen Sprache

Meine heiß geliebte Sprache,
was, ja was – geschieht mit dir?
Liegst verwundet in der Lache,
wie ein stark gequältes Tier.

Dich so zu sehen, das tut mir weh,
mein Begleiter erster Stunde.
Wirst doch benutzt wie eh und je,
bist nach wie vor in aller Munde.

Welche Botschaft kommt mehr an,
wenn ich schreib: „Du geile Sau."?
Oder sprechend äußern kann:
„Küss die Hand, gnädige Frau."?

Was versteht die Mehrheit noch:
„Asap – yolo – lol."?
Oder aber eher doch:
„Mit dir leben ist so toll."?

Rechtschreibregeln außer Kraft,
jeder kritzelt, wie er mag.
Qualität wird abgeschafft,
echt ein schwerer Schlag.

Gut, dass sie's nicht mehr erleben,
Goethe, Rilke, Brecht.
Würden ihre Stimm' erheben
und das klar zurecht.

Du warst einst Sprache der Götter,
so nuancenreich und schön.
Es nutzen dich so viele Spötter,
ist nicht nett, das anzusehen.

Die Entwicklung umzudrehen,
scheint mir aussichtslos zu sein.
Ich jedoch werd' weitergehen,
wenn es sein muss – auch allein.

71

Zu spät

Tag um Tag und Stund' um Stund'
verbringen wir mit Arbeit.
Die Zeit läuft sich die Füße wund,
wir sind noch nicht so weit.

Die Sonne zieht sich schon zurück,
auch wir verlassen das Büro.
Nicht einmal ein Gefühl von Glück,
geht jetzt schon seit Wochen so.

Ständig hängt man hinterher,
das fühlt sich nicht gut an.
Ein Teil von mir, der will nicht mehr,
doch steh' ich meinen Mann.

Die Frage ist, wofür – warum?
Auch der Tag ist zerronnen.
Die Lebensfreude – sie bleibt stumm,
die Pflicht erneut gewonnen.

Das Fazit schreit nach seinem Recht,
dereinst am Lebensende.
Wahrscheinlich eher schlecht als recht,
zu spät kam meist die Wende.

Für manchen noch zur rechten Zeit,
das Blatt zum Guten wenden.
Die Träume waren schon sehr weit,
zumeist in andern Händen.

Wie schön, wenn's grad noch klick gemacht,
den Hebel umgelegt.
Noch einmal in die Spur gebracht,
fast war es schon zu spät.

Seelen-Familie

Meine Seele liebt die deine,
und fühlt sich nicht alleine.
Sie fühlt sich angekommen
und wirklich angenommen.
Kein Schwindeln – kein Verstecken,
endlich sein Selbst entdecken.
Zusammen des Weges gehen
und nie alleine stehen.
Die Freuden vielfach teilen,
im Glücksmodus verweilen.
So fühlen sich unsere Seelen,
wenn sie sich nicht mehr quälen.

Informationen zu den Gedichten und Bildern

Titelbild:
„Die Welt braucht ..." – Bild von
Mareike Ermler, geb. 1983 in Deutschland

„Alltag hat uns wieder" – Bild von
Melanie Meerhoff, geb. 1973 in Deutschland und Joachim
Schlechter, geb. 1970 in Deutschland

„Am Strand" – Bild von
Irina Triller, geb. 1985 in Kasachstan

„Aufgewacht" – Bild von
Michaela Kern-Veith, geb. 1973 in Österreich

„Bahnhof der Gefühle" – Bild von
Ilona Fuchs, geb. 1967 in Deutschland

„Begegnungen" – Bild von
Jörg Gerloff, geb. 1968 in Deutschland

„Besinnung" – Bild von
Mareike Ermler, geb. 1983 in Deutschland

„Der mit den Bäumen spricht" – Bild von
Mira-Christin Günther, geb. 1982 in Deutschland

„Die Welt braucht ..." – siehe Titelbild

„Die Zeit – Episode 1" – Bild von
Eefje Haermeyer, geb. 2003 in Deutschland

„Eine Hommage an die Mütter" – Bild von
Leon Hübner, geb. 2006 in Deutschland

„Feenreich" – Bild von
Karin Steudel, geb. 1968 in Deutschland

„Glücksbrotbäcker" – Bild von
Ingrid Flamminger, geb. 1948 in Deutschland

„Kuscheltiere" – Bild von
Mira-Christin Günther, geb. 1982 in Deutschland

„Magnolie" – Bild von
Ulrike Seyer, geb. 1968 in Deutschland und
Luzie Seyer, geb. 2006 in Deutschland

„Schau" – 2 Bilder von
Lisa Maria Clotan, geb. 2006 in Rumänien und Mara Elena
Clotan, geb. 2006 in Rumänien

„Sommernächte sind immer zu kurz" – Bild von
Irmel Wenzel, geb. 1943 in Deutschland

„Sommerzeit" – Bild von
Astrid Dörr, geb. 1948 in Deutschland – gest. 2017

„Stille" – Bild von
Petra Günther, geb. 1958 in Deutschland

„Tage wie diese" –Bild von
Pino Sgarriglia, geb. 1992 in Deutschland

„Verkehr" – Bild von
Gabriele Vogel, geb. 1961 in Deutschland

„Was kann schon geschehen?" – Bild von Francesca Galasso,
geb. 1968 in Italien

„Zerfall der deutschen Sprache" – Bild von
Irina Neufeld, geb. 1979 in Russland

Bibliografische Information der Deutschen Nationalbibliothek:

Die Deutsche Nationalbibliothek verzeichnet diese Publikation in der Deutschen Nationalbibliografie; detaillierte bibliografische Daten sind im Internet über http://dnb.d-nb.de abrufbar.

© VERRAI-VERLAG · 70469 Stuttgart

1. Auflage Mai 2020
Alle Rechte vorbehalten.
https://verrai-verlag.de

Umschlaggestaltung:
ehrle studios Werbeagentur GmbH

Printed in Germany
ISBN 978-3-948342-09-8